Martina Herbig

Das zwölfte Kapitel

Bibliografische Information der Deutschen Nationalbibliothek:
Die Deutsche Nationalbibliothek verzeichnet diese Publikation in der Deutschen Nationalbibliografie; detaillierte bibliografische Daten sind im Internet über http://dnb.dnb.de abrufbar.

© 2017 Martina Herbig

Illustration: Paul Herbig

Herstellung und Verlag:
BoD – Books on Demand, Norderstedt

ISBN: 978-3-7431-0121-0

Inhaltsverzeichnis

Inhaltsverzeichnis.. 5
Zur Autorin 7
Einleitung 8
1. Wieder gerade biegen.. 9
   „Segne auch das Ungerade"............................... 15
2. Die Hände falten 16
   „Gefaltete Hände bekommen den Segen".......... 21
3. Auf dem Gipfel 22
   „Von oben betrachtet"...................................... 25
4. Schaffenskraft 26
   „Schöpferische Hände" 31
5. Achten 32
   „Das Eis brechen".. 36
6. Mit dem Anderen gehen 37
   „Gemeinsamkeit".. 44
7. Einsamkeit 45
   „Durchs Licht" 49
8. Zeichen der Zeit 50
   „Lichter der Zeit"... 58
9. Aufbruch 59
   „Zusammenhalten" 64
10. Zufriedenheit 65
    „Gebende Hände" 68
11. Auferstehung 69
    „Auferstehung" 72
12. Das zwölfte Kapitel 73
    „12.00 Uhr" 78
Zwölf 79
Weitere Veröffentlichungen von Martina Herbig 80

Zur Autorin

Ich bin Martina Herbig.
Meine Beobachtungen, mein Wissen und meine Erfahrungen teile ich meinen Lesern gern in meinen Büchern mit.
Die dankbaren Leser und ihr positives Feedback veranlassen mich, meinen lieben Interessenten noch weitere Worte zu schenken.
Worte, die trösten und Mut machen, aber auch zum Nachdenken anregen.
Ich bin Heilpraktikerin und psychologische Beraterin.
Am Rande eines kleinen Dorfes in Thüringen habe ich in mir meine Heimat gefunden. Sie öffnet mir die Quelle zur Kreativität. Hier ist viel Platz und Natur, die mir Kraft und Liebe schenken.
Ich danke meinem Mann, der mich stets unterstützt und mir die Zeit zum Schreiben schenkt. Ich danke meinem Sohn, der als kreativer Freigeist meine Projekte mit seinen Fotografien unterstützt.
Ich danke allen Menschen, denen ich begegnen darf und die mir ihre Welt zeigen, dass meine Welt reicher werden darf. Durch ihre Fragen und ihre Ideen fühle ich mich bewegt, meine Erkenntnisse allen interessierten Lesern mitzuteilen.
Ich danke allen meinen treuen Lesern und freue mich mit Ihnen auf unseren gemeinsamen Weg zum zwölften Kapitel.

Einleitung

In diesem Buch enthülle ich für Sie, liebe Leser, einige Lebensweisheiten, die wir in unserer jetzigen Zeit dringend brauchen.
Enthüllen: Die Hülle abnehmen, dass es sichtbar wird.
Einige Geheimnisse des Lebens werden ausgepackt und liegen vor Ihnen.
Sie finden dann vielleicht aus unserer hektischen schnelllebigen Zeit heraus in Ihr zwölftes Kapitel. Sie dürfen dabei stets selbst überprüfen, was zu Ihnen passt, und was Sie für sich mitnehmen möchten.
Lassen Sie sich überraschen, was Sie erwartet.
Es wird immer wieder Dinge im Leben geben, die schief laufen. Manches können wir gerade biegen, manches eben nicht. Trösten Sie sich, meine lieben Leser, das geht allen Menschen so.
Jede Zeit hat ihre ganz spezielle Qualität und ihre eigenen Herausforderungen.
Sind wir zufrieden? Brauchen wir mehr?
Was brauchen wir?
Ist da Jemand, der uns hört?
Ich lade Sie nun ein, liebe Leser, mit mir zum zwölften Kapitel zu reisen. Bis dahin, dauert es noch eine Weile.
Sie werden begleitet von den Worten, die Sie mit Ihren Worten überprüfen und eventuell verbinden dürfen. Was Ihnen nicht gefällt, lassen Sie einfach wieder los.
So gehen wir nun gemeinsam zum Zwölften Kapitel.

1. Wieder gerade biegen

Alles läuft im Leben glatt. So, wie wir es geplant haben. Stellt sich uns etwas in den Weg, schieben wir es beiseite.
Wir gehen durch Mauern und springen über unsere Schatten.
Nicht gehen, gibt es nicht, ist ein Satz, den wir oft gebrauchen.
Was wir schaffen wollen, schaffen wir auch. Wir müssen es nur gut und lange genug glauben und durchhalten. Wer an sich zweifelt, verliert.
Alles ist möglich!
Das ist die neue Philosophie und Religion unserer zivilisierten Gesellschaft. Ist etwas nicht möglich, wird es möglich gemacht. Dabei werden Probleme auch schnell mal unter den berühmten Teppich gekehrt.
Das gibt uns den Schein, wir hätten alles unter Kontrolle und alle Macht liegt in unserer Hand. Was uns nicht passt, räumen wir weg.
Doch was ist, wenn alles ganz anders kommt? Anders als geplant?
Wir sind enttäuscht, verzweifelt und resigniert. Oder wir versuchen mit aller Kraft, wieder in die Richtung zu lenken, die wir haben wollen.
Die Dinge wieder gerade biegen.
Gesagt ist gesagt. Getan ist getan.
Können wir alles wieder gerade biegen?
Manches können wir ausgleichen. Was wir bereuen, was uns leid tut, dazu können wir uns bekennen,

wenn wir den Mut haben. Wir können um Vergebung bitten. Wir können auch selbst den Anderen vergeben, wenn man uns darum bittet.
Und so manchmal bleibt ein Stück Wehmut zurück. Es tut uns noch weh, obwohl wir einst so mutig waren.
Beim nächsten Mal gehen wir mit den alten Narben, die wir von dem blauen Auge davongetragen haben, mit deutlich weniger Enthusiasmus und weniger Mut an die gleiche Sache heran. Wir sind vom Schmerz gezeichnet. Es tut noch weh. Das nimmt uns den Mut. Wir möchten den Schmerz nicht noch einmal fühlen.
Können wir es noch gerade biegen?
Die Wunde ist verheilt, die Narbe bleibt und erinnert uns.
Können wir vergessen?
Hilft es uns, zu vergessen?
Verschwindet dann auch die Narbe?
Körperliche Narben, die zum Beispiel nach Operationen, nach Unfällen und Verletzungen bleiben, bilden für unseren Körper immer Störfelder. Die Kommunikation der Zellen ist durch die Narbe unterbrochen. Das Gewebe, welches durchtrennt wurde, ersetzt der Körper durch festere Strukturen. Die Wunde verheilt zwar, aber der Körper verändert seine Statik, da das neue ersetzte Bindegewebe sehr viel fester ist und neue Züge auf den Körper ausübt. Das feste ersetzte Gewebe zieht an weiteren Strukturen und so kommt es früher oder später zu Beschwerden in anderen Teilen des Körpers. Viele Jahre können vergehen, bis Narben sich auf weiteren Ebenen bemerkbar machen.

Der Körper vergisst nichts. Die Schmerzen, die zehn Jahre nach einer Operationsnarbe vom Bauch plötzlich im Rücken auftreten können, ist die Reaktion des Körpers auf diese Veränderung, die durch das Narbengewebe stattgefunden hat.
Es gibt verschiedene Techniken der Naturheilkunde, mit denen Narben entstört werden können. Und trotzdem bleibt ein kleiner Teil zurück und man muss immer wieder die Narben behandeln. Sie schreien förmlich und bitten somit um ihre Aufmerksamkeit. Doch sie werden mit der Zeit weicher. Sie geben wieder nach. Und somit geben sie das Gewebe, an dem sie einen Zug ausübten, wieder ein Stück frei.
Wie ist es nun mit unseren seelischen Narben?
Können wir sie heilen?
Reicht es, zu vergessen?
Körper, Geist und Seele sind eine Einheit, so lange wir in diesem Leben sind.
Was uns der Körper in seiner materiellen Form zeigt, ist in der Seele in der immateriellen Form ebenso.
Was wir erlebt haben, bleibt in uns.
Wir erleben schöne Stunden und Tage, aber auch Schmerz und Verwundung. Das tragen wir als Narben in unserer Seele. Wie es auch im Körper geschieht, verändert sich durch die seelischen Narben die Struktur unserer Seele.
Die Narben gehören zu unserer Biografie. Wir können sie nicht einfach auslöschen. Wir tragen sie bei uns. Ab und zu erinnern sie uns, weil sie Aufmerksamkeit möchten.
Sie rufen uns und dann liegt es an uns, wie wir ihnen antworten.

Versinken wir in Selbstmitleid und hadern mit dem Schlimmen, was uns angetan wurde?
Es kann helfen, die Narben zu entstören, die uns durch Andere beabsichtigt oder auch unbeabsichtigt widerfahren sind, indem wir aufrichtig zugeben, dass wir auch selbst nicht perfekt sind und ebenso Anderen schon bewusst oder unbewusst Schmerz zugefügt haben.
Dann steigen wir aus, aus der Verletzung und können aus tiefem Herzen vergeben.
Das, was geschehen ist, können wir nicht ungeschehen machen.
Wir können es nicht wieder gerade biegen. Es bleibt krumm, wie auch unsere Narbe bleibt. Aber wir geben dem Krummen und unserer Narbe den Segen. Wir segnen das, was geschehen ist. Durch den Segen bekommt die alte Verletzung eine ganz neue Form. Die Narbe bleibt, doch sie wird weicher, lässt ihre feste Struktur los und gibt das Gewebe, was sie an sich gebunden hat, wieder frei. Sie gibt nach. Wenn wir nachgeben, nicht mehr auf dem Alten beharren, werden die Energien, die wir durch Unnachgiebigkeit und Festigkeit an uns gebunden haben, wieder frei. So schaffen wir ganz neuen Platz und neue Möglichkeiten.
Die Narben, die wir durch schwere Schicksalsschläge und Verluste in uns tragen, graben sich sehr tief ein. Immer wieder erinnern sie uns. Es gibt Jahrestage, Geburtstage und Feste. Dann werden wir erinnert an liebe Menschen, die uns fehlen. Die Narben brechen wieder auf. Die alten Wunden, die schon längst verheilt waren, machen sich bemerkbar.

Wir können es nicht wieder gerade biegen. Auch, wenn wir das Geschehene gern ungeschehen machen würden, es gelingt uns nicht. Der Schmerz bleibt ein Teil von uns. Wir dürfen ihn segnen und dabei sehen, wie auch er, der alte Schmerz, sich verändert. Die Erinnerung darf Liebe werden. Die alten Narben brechen immer wieder auf und wir dürfen die Wunden versorgen mit unserem Segen. Dann heilen sie wieder zu, werden zur Liebe. Immer wieder!!!
Ich habe bisher nur von den Dingen geschrieben, die uns durch Leid von Außen widerfahren sind.
Doch es gibt dann auch noch unsere eigenen Fehler und Unzulänglichkeiten. Wie viel passiert, was wir hätten anders und besser machen können, uns aber misslang. Aus welchen Gründen auch immer. Es ist etwas schief gelaufen.
Schuldgefühle erwachen: „Hätte ich das nur anders entschieden."
Auch hiervon tragen wir unsere Narben in der Seele. Manches können wir wieder gerade biegen, aber trotzdem war es krumm und es bleibt eine Narbe zurück. Vieles können wir nicht wieder gerade biegen. Es bleibt verbogen, krumm und schief. Es ist Ungerade.
Was machen wir damit?
Welche Antworten geben wir den Narben, wenn sie uns rufen?
Kein Mensch ist perfekt. Keinem wird der rote Teppich ausgerollt. Irgendetwas hat jeder zu tragen. Und wenn wir ehrlich sind, sind es die blauen Augen, die Narben und die Risse, die uns im Leben weiter gebracht haben. Sie haben uns gelehrt und wir sind

daran gereift. Was wären wir ohne all diese Schrammen und Narben?

Wir können nichts wieder gerade biegen, doch wir können es segnen. Auch all das, was schief gelaufen ist, gehört dazu. Während es schief läuft, können wir es nicht begreifen. Im Nachhinein aber stellt sich das, was einst schief lief, was wir nicht wieder gerade biegen können, als kostbarer Segen heraus. Gut, dass es damals so war, sonst wäre ich heute nicht der Mensch, der ich bin.

Alles, was wir nicht mehr gerade biegen können, dürfen wir segnen. Wir geben unseren Segen, somit nehmen wir es an. Wir müssen die Narben nicht wegkaschieren. Wir nehmen sie wahr und stehen zu ihnen. Sie gehören zu uns. Sie sind ein Teil von uns und in ihnen steckt, wenn wir es zulassen, ein Teil der Erkenntnisse des Lebens.

Wir segnen unsere Taten, unsere Gedanken. Wir segnen die Menschen, die mit uns waren, ob als Freunde oder als Lehrmeister. Wir segnen unser Leben, unsere Geschichte. Wir segnen alles was war. Wir segnen das, was gut lief und das, was schief gegangen ist.

Wir können nicht alles wieder gerade biegen. Doch viel besser ist, wir können es segnen. So kommt unsere Geschichte in ein ganz neues Licht.

„Segne auch das Ungerade"
   Skulptur aus Ton von Martina Herbig
   Fotografie: Paul Herbig

2. Die Hände falten

Hin und wieder sind Dinge, die uns geschehen sind, oder die wir auch selbst verursacht haben, so schwerwiegend, dass es uns schwer fällt, sie anzunehmen.
Wir sind von Schuldgefühlen überwältigt und können nicht vergeben. Die Macht des Schicksals überwältigt uns. Wir hadern und drehen uns im Kreis unserer Gedanken. Wir bereuen Entscheidungen, die wir nicht mehr rückgängig machen können.
Es ist zu spät, nicht mehr möglich, nicht mehr gerade zu biegen. Und wir können es nicht einfach segnen. Das erscheint uns in Anbetracht so mancher Situation zu schwerwiegend. Segnen wäre dann wohl nicht angemessen.
Die Narben, die durch harte Schicksalsschläge entstehen, sind besonders tief. Sie reißen immer wieder offene Wunden und heilen nicht zu.
Was machen wir nun mit ihnen?
Welche Antworten haben wir, wenn uns die Narben rufen?
Es darf auch gut und richtig sein, keine Antworten zu haben. In unserem menschlichen Ermessen kann es uns schon auch an Antworten fehlen.
Andererseits ringen wir um Antworten, um Erklärungen. Wir erfinden Ausreden, warum, wieso, weshalb uns das nicht besser gelingen konnte. Doch diese Ausreden trösten uns nur wenig. Es sind Reden, die ins Aus führen.

Das Gedankenkarussell um immer wieder die gleichen Probleme, die verzweifelte Reden ins Aus suchen, verstricken uns immer mehr in die Not. Aus der Not ergibt sich die Notwendigkeit. Es ist an der Zeit, eine Wende einzuschlagen.

Wir können in Psychotherapien und auch mit Freunden, deren Ohren für uns offen sind, immer wieder darüber reden. Das Reden kann uns erleichtern. Wir erfahren Feedback und können uns neu orientieren. Vielleicht gelingt es sogar, den Rucksack mit den Steinen der Schuld und des Versagens ein wenig zu erleichtern. Wir können ein paar Steine auspacken und einfach liegen lassen.

Wir können nicht alles allein tragen.

Doch wo legen wir all die Steine hin, wenn es zu schwer wird?

Wir können auch nicht erwarten, dass sie unsere Mitmenschen für uns weiter tragen. Schließlich gehören sie uns. Außerdem fühlen wir uns unverstanden von denen, die ähnliches Leid nicht kennen. Wie sollen sie wissen, wie es um uns steht? Sie haben nicht die geringste Ahnung von unserem Seelenschmerz!

Aber die Steine in unserem Rucksack sind so schwer, dass wir uns kaum noch auf den Beinen halten können.

Was tun wir dann?

Wohl dem Menschen, der glauben kann. Der Mensch, der weiß, dass wir von einer höheren Kraft getragen sind.

Wir haben viele Möglichkeiten, unser Leben zu gestalten. Doch wir müssen es vorwärts leben und erkennen oft nicht die ganze Tragweite des Geschehens. Wenn wir heute etwas tun, wird morgen durch diese Tat etwas geschehen. Das können wir manchmal absehen, aber oft nicht in aller Konsequenz. Dazu kommen auch noch die Taten unserer Mitmenschen, die ebenso Auswirkungen auf unser Leben haben, die wir nicht beeinflussen können.

Jede Ursache hat ihre Wirkung und jede Wirkung kann eine neue Ursache sein.

Wir können weder alles kontrollieren, noch können wir alles vorher sehen. Viele Dinge sind von den glücklichen oder auch unglücklichen Umständen abhängig, die einfach durch uns und mit uns geschehen. Wir können nicht immer berechnen, zur richtigen Zeit am richtigen Ort zu sein.

Die Kontrollmöglichkeiten, die wir über unser Leben haben, sind sehr begrenzt.

Manchmal haben wir Glück, weil wir die richtige Entscheidung am richtigen Ort mit den richtigen Menschen getroffen haben.

Dann haben wir auch Unglück, weil uns das Schicksal an die Hand genommen hat und uns einen anderen Weg offenbart, als den, den wir einst planten.

Unser Spielraum wird enger. Der Rucksack wird schwer.

Verlust, Krankheiten, Einschränkungen liegen im sichtbaren Bereich.

Was können wir tun, wenn wir nichts mehr tun können? Wen können wir um Segen bitten, wenn wir ihn selbst nicht mehr geben können?

Gibt es da Einen, der uns hört?

Gibt es da noch Einen, der uns segnet?
Gibt es da noch Einen, der uns verzeiht?
Wenn wir uns selbst nicht mehr vergeben können und auch kein anderer Mensch es kann, wer dann?
Gibt es da Einen, dem ich meine Steine hinlegen kann? Der sie betrachtet und segnet, trotz aller Last?
Wenn es Gott gäbe, warum lässt er dann überhaupt erst Leid geschehen? Wieso lässt er das zu, dass Menschen krank werden und gar sterben? Manchmal mitten im Leben? Sie werden doch noch so sehr gebraucht!
Das sind die Anklagen der Menschen in tiefster Verzweiflung.
Das Resultat ist für sie: Es gibt keinen Gott.
Und Gott antwortet:
„Ich bin nicht der, für den du mich hältst. Ich bin nicht der, den du dir vorstellst. Ich bin nicht der, der ich bin, weil ich nicht bin.
Ich vermag es zu sein in jeder Blume, in jedem Grashalm, in jedem Stern. Ich befinde mich in deinem Herzen. Wenn du es hörst, dann hörst du meine Stimme. Sie ist in dir und umgibt dich. Sie ist Leere und Fülle. Sie ist alles und nichts. Sie ist Liebe! Die Schöpfung des Lebens, die sich ständig wandelt, in Ewigkeit."

Wir denken in Zeit und Raum. Zeit und Raum nehmen uns gefangen. Das, was wir jetzt erleben, scheint manchmal für immer so zu sein. Wir können uns nur schwer vorstellen, dass es wieder einmal anders werden kann. Und doch verändert sich ständig alles. Wir verändern uns und um uns herum ist

Veränderung. Nichts bleibt für immer. Nichts ist starr. Leben ist Bewegung. Das Universum bewegt sich mit rasantem Tempo. Wir bewegen uns und es scheint, als seien wir in der Zeit gefangen. Deshalb fällt es uns so schwer, in Bewegung zu bleiben, uns verändern zu lassen, uns selbst zu verändern.

Andererseits fällt es uns schwer, zur Ruhe zu finden. Ständig kreisen die Gedanken und wir finden keine Lösung. Wir sind gefangen.

Falten wir unsere Hände, so kommen wir zur Ruhe. Wir legen unsere persönliche Tat nieder und signalisieren mit den gefalteten Händen, dass wir fertig sind.

Gefaltete Hände sind nicht, wie fälschlicherweise angenommen, ausschließlich die Bittstellerhände der Ergebenen. Gefaltete Hände sind die Ruhe in der Tat, die das geschehen lassen, was ist. Sie lassen das geschehen, was ohnehin geschieht. In all den Dingen, die wir nicht unter Kontrolle haben und die unsere menschlichen Möglichkeiten übersteigen.

Es gibt für uns nichts mehr zu tun. Wir machen es nicht besser, wenn wir weitere Taten auf das schon Getane legen.

Die gefalteten Hände zeigen unsere Ruhe. Wir lassen geschehen, dass eine höhere Kraft in uns wirken kann.

Dann haben wir die Chance, den Segen der Schöpferkraft zu empfangen. Wir lassen die Bewegung, den Wandel in uns wirken.

Durch den Wandel werden wir verändert und die Wunden dürfen sich schließen. Die harten Narben werden weich. Sie erinnern uns an den Schmerz und sie erinnern uns auch an die Quelle, die uns segnet. Dann dürfen wir wieder aufstehen, weil wir Gesegnete sind.

„Gefaltete Hände bekommen den Segen"
Skulptur aus Ton von Martina Herbig
Fotografie: Paul Herbig

3. Auf dem Gipfel

Auf dem Berg stehend, alles andere unten gelassen.
Vergangenes liegt uns zu Füßen.
Wir haben den Schmerz überwunden.
Haben wir das wirklich?
Wir schauen nun von oben auf unser Leben, auf unsere Geschichte. Der Blick verändert sich. All der Schmerz, all der Kummer liegt da unten und wir lassen ihn zurück. Mühselig haben wir uns auf den Berg gekämpft. Mit Mühe kamen wir wieder in unsere Seligkeit. Es war anstrengend. Wir haben den Gipfel erreicht.
Wir haben den Segen empfangen.
Nun stehen wir hier.
Nichts geht ohne Anstrengung. Haben Sie, liebe Leser, das Recht bei Ihrer Geburt erhalten, dass das Leben einfach ist? Das Leben ist manchmal einfach, aber oft auch kompliziert und schwer.
Wir lassen uns nieder und blicken auf alles, was war.
Und wenn wir es von da oben, von unserem Gipfel auf dem Berg aus betrachten, erkennen wir all die Wege, die wir bisher gegangen sind.
Welche Wege waren erforderlich? Welche hätten wir anders gehen können? Wie wäre unser Leben verlaufen, hätten wir andere Wege eingeschlagen? Sicher wäre es anders, doch es ist, wie es ist.
Die anstrengenden Wege waren die wertvollsten.
Der Bergsteiger, der den Gipfel erreicht, erlebt ein Hochgefühl. Er hat sein Ziel erreicht. Alle

Anstrengung hat er auf sich genommen, für diesen Augenblick. Nun steht er auf dem Gipfel und fühlt sich belohnt. Es ist eine Erleuchtung, die er hier gerade erlebt. Die Anstrengung ist nicht mehr wichtig. Das Resultat zählt.
Alles, was wir im Leben einfach so geschenkt bekommen, ist für den ersten Augenblick eine Gnade. Doch das, was wir uns selbst unter Anstrengung erarbeitet haben, ist am Ende das Wertvolle, den Schatz, den wir hüten.
Sie kennen sicher das gute Gefühl, liebe Leser, welches Sie durchströmt, wenn sie nach einem anstrengenden Weg ihr Ziel erreicht haben. Ist Ihnen das Erreichte nicht besonders wertvoll, wenn Sie dafür Einsatz zeigen durften? Hätten Sie es einfach geschenkt bekommen, hätte es dann den gleichen Wert?
Ist es nicht eine Gnade, ein Geschenk an sich, dass wir belohnt werden? Unser Einsatz, unsere Anstrengung haben sich gelohnt. Wir ernten dafür den Lohn.
In unserem Gehirn besitzen wir ein Belohnungszentrum. Dieses möchte gefüttert werden.
Wofür sollen wir uns anstrengen, wenn es am Ende keine Belohnung gibt?
Heutzutage wird die Belohnung oft ausschließlich mit Geld assoziiert. Es muss sich lohnen. Nur, wenn wir mit einer Arbeit genügend Geld verdienen, macht es für viele Menschen erst Sinn, diese Arbeit zu tun und Strapazen und Anstrengungen hinzunehmen.
Ist Geld wirklich alles?

Ist das das Mittel, was wir am Ende unserer Reise mitnehmen können? Brauchen wir es als Eintritt an der Himmelspforte? Wird man uns dort fragen, wie viel Geld wir im Leben verdient haben? Wird uns das Geld am Ende, vor unserer letzten Reise, noch wichtig sein?

Die echte Belohnung ist nicht das Bankkonto. Es kann uns beruhigen, aber nicht belohnen.

Das Gefühl, welches wir haben, wenn wir etwas geschafft haben, ist das wertvollste, was wir als Belohnung bekommen.

Ein Kind strengt sich in der Schule an. Stolz präsentiert es seinen Eltern die Note Eins. Die Note Eins ist das Eine. Das Andere ist aber viel stärker. Es ist das Gefühl, welches das Kind hat. Es freut sich so sehr über das erreichte Ergebnis. Es hat sich angestrengt, viele Stunden dafür gelernt. Jetzt ist es geschafft. Alle Anstrengung ist vergessen. Die Belohnung!!!

Oft erklären hier schon die Eltern dem Kind, dass es so weiter machen soll, um später einen guten Beruf zu erlernen, mit dem es gutes Geld verdienen kann.

Welche Motivation!?

Nur das Geld zählt.

Schade!

Am Ende werden wir uns fragen, was wirklich zählt.

Die jubelnden Gefühle, die Engelchöre im Kopf, die Weite im Herzen, die wir hatten, als wir das Unglaubliche schafften.

Die innere Belohnung!!!

„Von oben betrachtet"
Fotografie Paul Herbig

4. Schaffenskraft

In früheren Generationen mussten wir uns unseren Lebensunterhalt, unsere Nahrungsmittel hart erarbeiten.
Das, was wir unter Anstrengung für uns selbst erschaffen haben, ist besonders wertvoll. Lebensmittel wurden geachtet und wertgeschätzt. Die Kartoffeln vom Vortag landeten nicht einfach im Müll, sondern aus ihnen wurde eine neue Mahlzeit kreiert. Im Schweiße des Angesichts haben die Menschen selbst ihre Kartoffeln angebaut und geerntet. Sie haben eine Leistung erbracht und das Resultat hatte einen hohen Wert. Das wurde nicht einfach weggeworfen. Und das ist noch nicht so lange her.
Heutzutage können wir viele Dinge zum günstigen Preis einfach erwerben.
Was sind sie noch wert?
Wir sehen an unserer „Wegwerfgesellschaft" und an den Müllentsorgungsproblemen, dass vieles weniger Wert hat.
Egal, um was es sich handelt, Lebensmittel oder auch Kleidung. In früheren Generationen hat man viele Kleidungsstücke selbst gewebt und genäht. Man trug sie lange, denn es hat viel Arbeit gemacht, sie herzustellen. So hatten diese einen hohen Wert.
Auch die Wohneinrichtungen mussten viele in früheren Generationen oft selbst bauen. So hatten diese Gegenstände persönlichen Wert und man ging

achtsam mit ihnen um. Sie trugen Geschichten in sich. Sie waren durch den Erbauer, den man kannte oder der man selbst war, beseelt. Die Gegenstände waren von einer Seele durchdrungen. Man ehrte und achtete sie.

Was ist heute? Wie oft wird eine neue Küche gekauft, ein neues Sofa, ein neues Bett? Wir können es einfach kaufen, wissen nicht, wer es erschaffen hat. Wir stellen kaum Verbindung zu den Stücken her.

Wie gehen wir mit den Dingen um?

Wie wertvoll hingegen sind die Dinge, die wir selbst erschaffen haben oder wissen, wer sie für uns angefertigt hat?

Welchen Wert hat dagegen der Gegenstand, den wir nur als solches erkennen, zu dem wir aber keine Beziehung haben, weil es keine Geschichte gibt.

Liebe Leser, ich möchte Ihnen jetzt kein schlechtes Gewissen machen. Es ist gut und wunderbar, dass wir heute in diesem Wohlstand hier leben dürfen. Noch immer ist das auf der Erde eine Ausnahme, welchen Wohlstand wir hier in Europa, besonders in Deutschland, genießen dürfen. Dafür sollten wir jeden Tag Millionen Mal dankbar sein.

Ich möchte zum Nachdenken anregen!!!

Nach den Geschehnissen, nach unseren Taten und Erlebnissen denken wir darüber nach.

Was ist uns wirklich noch etwas wert?

Was ist uns noch ein guter Freund wert?

Brauchen wir das wirklich alles, was wir zu brauchen glauben?

Was können wir tun, dass die Dinge wieder wertvoll für uns werden?

Die Mühen und die Arbeit der Anderen achten!
Wir wollen möglichst für wenig Geld viel.
Dabei sollten wir bedenken, dass alle Menschen in dieser Welt in Würde leben möchten.
Viele Menschen wollen möglichst immer mehr und viel für immer weniger Aufwand.
„Streng dich beim nächsten Mal besser an", ermahnt vielleicht ein Lehrer seinen Schüler. Denn er weiß, mit ein bisschen mehr Anstrengung wäre es besser gelaufen.
Doch wir vermeiden gern Anstrengung.
Es soll einfach gehen.
Es soll uns zufallen.
Wir wollen wenig dafür tun.
Und wenn wir etwas tun müssen, wird genörgelt.
Das ist verrückt. Verrückt bedeutet, dass etwas von seinem Platz an eine andere Stelle gerückt ist. Es ist nicht mehr da, wo es hingehört.
Die Anstrengung und den Aufwand, den wir betreiben, um ein Ziel zu erreichen, ist ein großes Geschenk, eine große Möglichkeit, eine Gnade, die wir bekommen. Das sollten wir wieder schätzen lernen.
Hauptsächlich durch Anstrengung erhalten wir den Lohn, der uns einen Wert vermittelt.
Sicher gibt es auch Menschen, die sich sehr anstrengen und hohen Aufwand für eine Sache betreiben. Sie erfahren dennoch keinen Lohn. Diese Menschen werden nun beim Lesen dieses Textes behaupten, dass sich Anstrengung in keiner Art und Weise lohnt. Vielleicht sind sie sogar resigniert und haben beschlossen, gar nichts mehr zu tun.

Es ist immer wichtig, zu sehen, wofür strenge ich mich an? Was möchte ich selbst erreichen?

Dabei gilt es auch, zu berücksichtigen, was jeder Mensch wirklich leisten kann. Welche Fähigkeiten und Möglichkeiten sind gegeben? Dem Unsportlichen wird es schwer fallen, eine Olympiade zu erreichen, auch wenn er sich anstrengt.

Jeder hat seine Talente und Fähigkeiten und es lohnt sich, sie zu nutzen. Das verlangt oft Anstrengung.

Wir sollten bei allen Anstrengungen in unserem Leben bleiben und wahrnehmen, was wir geben können und zum Leben beitragen können.

Nicht jeder Mensch kann alles leisten und so ist auch manche Anstrengung vergeblich.

Deshalb sollten wir uns selbst und unsere Fähigkeiten erkennen, um sie sinnvoll einzusetzen.

Dann werden wir feststellen, wofür es sich lohnt, sich anzustrengen.

Wir werden auch herausfinden, für welche Dinge sich Anstrengung **nicht** lohnt. Die eigene Energie ist verschwendet, die man dort investiert. Diese wertvolle Energie könnte uns dann für Wichtigeres fehlen.

Die größte Belohnung und die Freude, die entsteht, wenn wir etwas erreicht haben, wofür wir uns angestrengt haben, ist für uns selbst der größte Wert. Es stärkt unser Selbst. Und somit stabilisieren wir unser Selbstwertgefühl.

Dabei ist es weniger wichtig, dass andere unsere Mühen und das Resultat schätzen und ehren. Dann bekommen wir zwar eine Bestätigung, doch, ich verrate Ihnen, liebe Leser, ein Geheimnis.

Die Bestätigung durch Andere kann gut sein, aber sie ist nicht die Hauptsache. Die Sache, die dazu führt, unser Haupt zu erheben, sind die Anerkennung und die Bestätigung, die wir selbst fühlen. Die Hauptsache ist immer die, in der wir unser Haupt erheben dürfen. Wissen wir selbst, in unserem tiefen Inneren, dass es gut war, was wir erschaffen haben, dann hat sich alle Anstrengung gelohnt. Wir können es nur in uns fühlen oder auch nicht. Kein Anderer kann das stellvertretend für uns tun. Das Lob des Anderen ist unwichtig, wenn wir selbst den Wert nicht fühlen. Wir können es in diesem Fall auch vom Anderen nicht annehmen. Es nützt wenig, wenn andere Menschen uns bestätigen, wobei wir uns selbst für unfähig halten.
Denn nur wir selbst wissen:
Es hat sich gelohnt!!!
Es geht nicht darum, Erwartungen zu erfüllen. Oft haben wir hohe Erwartungen, die nicht erfüllt werden können. In unserer Zeit herrscht ein Leben ohne Limit. Völlig irrationale Erwartungen entstehen. Diese enden immer in Enttäuschung.
Erschaffen wir uns das Leben, welches beseelt ist und Geschichten schreibt!

„Schöpferische Hände"

Skulptur aus Ton von Martina Herbig
Fotografie: Paul Herbig

5. Achten

Natürlich können wir nicht alles selbst tun. Wir brauchen den Anderen. Wir brauchen seine Anerkennung.
Er braucht aber auch unsere Anerkennung.
Schätze ich den Bäcker, der mein Brot, welches ich esse, gebacken hat, dann wird es mir auch schwerer fallen, es einfach wegzuwerfen. Ich weiß, welche Mühen in diesem Brot liegen. Der Bäcker ist dafür mitten in der Nacht aufgestanden, als ich noch geschlafen habe. Vielleicht kenne ich den Bäcker persönlich, sehe ihn und seine Geschichte.
Danke dem Bäcker, dass ich etwas zu essen habe. Dass er sich angestrengt hat und ich achte diese Mühen, diese Arbeit.
Wir erleben immer mehr in Dienstleistungen und auch im Handel frustrierte Verkäufer und Anbieter, die dann ihre Laune an Kunden auslassen.
Wiederum erleben wir vermehrt frustrierte Kunden, die abermals nicht mit Beleidigungen sparen und auf ihr Recht als König pochen. Denn „der Kunde ist schließlich ja König".
Einsicht ist oft schwer zu erreichen.
Einsicht würde uns erlauben, in etwas hinein zu sehen, um es zu verstehen. Hineinsehen und in diesem Einsehen würden wir uns klar darüber werden, was hier geschieht.
Dazu müssen wir uns die Mühe machen, eine Eisschicht, die entstanden ist, weil jeder nur sich

selbst in seiner Welt sieht, zu durchbrechen. Unter dieser Eisschicht sehen wir dann vielleicht die ersten Sprossen einer Pflanze, die nur darauf warten, sich neu entfalten zu dürfen.

So wie der andere Mensch, mit dem wir gerade ein Problem haben, nur darauf wartet, geachtet zu werden, für all seine Mühen, seine Anstrengung. Diese haben wir nicht wahrgenommen. Die Verkäuferin, die gerade unfreundlich war, hatte schon seit Ewigkeiten keinen freien Tag mehr. Sie steht noch hier im Laden, während wir schon gemütlich zu Hause zum Abend gegessen haben. Unter dem Eis der Worte des Gefechts sehen wir den Menschen, der einfach an seine Grenze gekommen ist.

Es geht um Respekt und Achtung.

Jeder Mensch leistet etwas dafür, dass wir es nutzen dürfen. Das gilt es einfach zu achten. Tag ein Tag aus gehen die Krankenschwestern zu den Kranken, während andere gemütlich unterm Weihnachtsbaum sitzen. Die Müllfahrer befreien uns von unseren Lasten. Die Apotheker stehen in ihren Läden, wenn wir am Feiertag ein wichtiges Medikament brauchen. Der Busfahrer lenkt sicher das Fahrzeug über die Straßen, um uns selbst ohne Anstrengung zum Ziel zu bringen. So viele Menschen sind täglich für uns da.

Dafür möchte ich Danke sagen.

Sie geben mir die Zeit, die ich brauche, um meine Aufgaben zu erledigen. Denn wenn ich mein Brot jetzt backen müsste, oder meinen Müll auf der Deponie entsorgen müsste, hätte ich jetzt keine Zeit zum Schreiben.

Danke, dass ich hier sitzen und schreiben darf. Diese Mühe lohnt sich. Nicht, weil ich damit Geld verdiene. Diese Erwartung ist nur enttäuschend. Das lohnt sich gar nicht.

Doch für mich lohnt sich diese Mühe. Und wenn es nur einen gibt, wie Sie, lieber Leser. Einen Menschen, der dieses Buch liest und daraus für sich etwas Wertvolles mitnehmen kann. Dann haben sich alle Anstrengungen, hier zu sitzen, meinen Rücken auszuhalten und konzentriert in meinen Gedanken zu bleiben, gelohnt.

In unseren zwischenmenschlichen Beziehungen geht es uns immer mehr verloren, dass wir den Anderen in seinen Mühen und Anstrengungen überhaupt noch wahrnehmen und ihn achten.

Viele glauben, sie selbst würden das meiste leisten und alle anderen tun weniger. Sie glauben auch, nur ihre Arbeit sei wertvoll. Was ist schon die Arbeit des Müllmannes gegen die des Arztes? Sie erheben sich voller Hochmut und werden auch von ihren Mitmenschen dorthin erhoben.

Wiederum Andere fühlen sich als Opfer. Sie glauben, dass sie selbst nichts leisten, ihr Beitrag unerwünscht ist und leiden im stillen Kämmerlein in tiefer Verzweiflung. Oder sie verfallen dem Neid. Sie blicken neidvoll auf die Menschen, denen es besser geht. Sie freuen sich dann, wenn sie erkennen können, dass den „Oberen", wie sie glauben, auch einmal etwas misslingt.

Doch bleiben wir zunächst bei den hier Erstgenannten.

Wenn wir glauben, dass nur unser Tun und unsere Arbeit wertvoll ist und wir die Augen für den anderen verlieren, verlieren wir ebenso die Achtung und den Respekt vor dem Anderen.

Das Spiel geht weiter. Sollten wir selbst die Achtung vor den Mühen der Anderen verlieren, werden wir irgendwann selbst auch nicht mehr geachtet. Ein Chef, der die Mühen seiner Mitarbeiter nicht anerkennt und die Achtung gegenüber seinen Mitarbeitern verliert, verliert auch die Achtung seiner Mitarbeiter ihm selbst gegenüber. Vielleicht wird er gefürchtet. Aber geachtet?

Es gibt ein altes Sprichwort:

„So wie es in den Wald hineinschallt, schallt es heraus."

Was ich aussende kommt als Antwort zu mir zurück.

Kann ich selbst gegenüber Anderen wenig Respekt zeigen, ihm Achtung und Ansehen geben, werde ich eventuell wenig Achtung und Ansehen von Anderen ernten.

Mit sehr hoher Wahrscheinlichkeit wird mir dieses Phänomen immer wieder begegnen.

Was ich selbst möchte, was Andere mir tun, muss ich als erstes Anderen tun.

Ich kann nicht erwarten, dass ich geliebt werde, wenn ich selbst nicht liebe.

Ich kann nicht erwarten, dass Andere mich achten, wenn ich nur mit Verachtung auf sie schaue.

Ich kann ebenso nicht erwarten, dass Andere mich verstehen, wenn ich mir nicht die Zeit nehme, sie zu verstehen.

Alles im Leben beginnt bei uns selbst. Und so schließt sich immer wieder der Kreis.
Ich wünsche uns allen wieder Achtung und Respekt.
Mögen wir das Andere, den Anderen wieder erkennen, ihn ansehen. Dann sehen wir ihn. Wir verleihen ihm dadurch Ansehen.

„Das Eis brechen"
Fotografie: Paul Herbig

6. Mit dem Anderen gehen

Mit dem Anderen gehen, lernen, ihn zu verstehen.
Die Mühen, die es macht, sich auf einen anderen Menschen voll und ganz einzulassen, werden leider immer weniger als lohnenswert empfunden.
Wir haben das Blut unserer Ahnen in unseren Adern.
Erfahrungen, die uns geprägt haben, über Generationen hinweg.
„Ich habe dir alles gegeben, und das ist der Dank", enttäuschte Menschen, die beschlossen haben, sich nicht mehr auf Andere einzulassen.
Die Gefahr besteht!!!
Verletzungsgefahr!!!
Schmerz!!!
Leid!!!
Die Liste von der enttäuschten Liebe, von zerrütteten Freundschaften ist hinlänglich aus aktuellen Hitlisten bekannt.
Jeder wird immer mehr sich selbst der Nächste.
Dabei lernen wir uns selbst nur durch den Anderen kennen. Nur in der Gemeinsamkeit kann mein eigener Geist erwachen und erkennen, was und wer ich selbst bin.
Viele Dinge schaffen wir nur gemeinsam. Einer allein ist dafür zu schwach. Dann brauchen wir die Anderen für die gemeinsame Stärke.
Wir brauchen den Anderen wie die Butter aufs Brot.
Allein ist alles viel weniger.

Ich kreise mit meinen Gedanken nur um mich selbst, wenn mir ein Gegenüber fehlt. Keiner erklärt mir eine andere Welt, die es auch gibt. Allein kann ich sie nicht sehen. Der andere Mensch erweitert meinen Horizont. Er zeigt mir, wenn ich mich auf ihn einlasse und es erlaube, seine Welt. Diese darf eine ganz andere als meine sein. Aber aus seiner Fülle kann ich meine kleine Welt bereichern. Und als Gegenleistung zeige ich ihm meine Welt.

So füllen wir beide unsere Brunnen und können gestärkt in uns selbst zurückkehren.

In uns selbst dürfen wir entscheiden, was zu uns passt, was wir behalten, womit wir unsere Welt bereichern. Wir dürfen auch entscheiden, was wir in der anderen Welt lassen, was wir nicht für uns möchten.

Alles darf sein.

Heutzutage werden viele Bekanntschaften beendet, bevor sie zu Freundschaften werden. Ehen werden geschieden, noch bevor eine Zweisamkeit wachsen kann. Leichtfertig gehen wir mit unseren Beziehungen um. Wir nehmen das alles sehr ernst und sind schnell beleidigt, wenn wir ein anderes Bild vorgehalten bekommen.

Kompromisse eingehen fällt immer schwerer.

Die anderen Menschen spiegeln uns. In ihnen und durch sie erkennen wir uns.

Die Vorstellungen und hohen Erwartungen, die wir an Freundschaften und Partnerschaften stellen, sind so unhaltbar. Wir verlieren den Blick fürs Wesentliche.

Die Entwicklung ist in den letzten Jahren sehr schnell gegangen. Es ist noch keine fünfzig Jahre her, da konnte man sich aus Beziehungen nicht einfach so entfernen, weil man etwas Besseres gefunden hat. Man war voneinander materiell und existenziell abhängig. Es ist gut, dass es heute anders ist.

Aus Beziehungen, die von Gewalt getragen werden, muss man gehen. Das ist keine Frage einer Entscheidung, die man gut überdenken sollte. Gewalt darf nicht zugelassen werden. Dafür ist unser Gehirn evolutionär so weit voran geschritten, dass man Aggressionen im Griff haben kann.

Nur leichtfertige Trennungen, weil sich anders verliebt wurde, weil es nicht passt, wenn der Partner eine andere Meinung hat, sollten gründlich überdacht werden. Denn der Andere ist immer ein Fremder und der neue Andere wird auch ein Fremder sein. Oft verändert sich nicht viel. Alles wird in der Beziehung wieder so, wie es schon in der alten Beziehung war, weil der Mensch sich nicht verändert hat. Trotz neuer Beziehung.

Egal, wohin wir auch gehen, wir müssen uns immer selbst mitnehmen.

Veränderung beginnt immer nur in uns selbst.

So schnell, wie sich das System der Partnerschaften und der Familien verändert hat, sind wir im Äußeren, aber nicht im Inneren mitgekommen. Scheinwelten, die von früher verurteilt wurden, werden neu inszeniert.

Patchwork-Familien, die so glücklich erscheinen, haben alle ihre Narben. Es gibt hier immer einen, der enttäuscht und verletzt wurde. Alte Narben heilen ein Stück und brechen immer wieder auf. Weil man sich zwingt, doch modern zu sein und nicht mehr so

spießig wie früher. Doch im Inneren sieht es anders aus. Man trägt eine Maske der „Moderne" und hinter der Maske kullern die Tränen.
Und die Kinderaugen leuchten nicht mehr von innen. Sie spiegeln nur den äußeren Schein wieder. Die Kinder entwickeln oft Verlustängste, Beziehungsstörungen, Essstörungen, Depressionen und mehr. Eine Scheinwelt hat eine vorherige Scheinwelt abgelöst. Kinder können ihre wahren Probleme noch nicht erkennen und uns mitteilen. Sie machen das mit, was sie gewohnt sind. Sie kennen es nicht anders. Doch sie leiden. Bei jedem Aufeinandertreffen brechen alte Narben auf und werden wieder zu Wunden. Das muss natürlich nicht immer so sein. Manchmal klappt es auch wirklich gut. Aber in der Regel belasten noch die alten Narben, die immer wieder zu Wunden werden.
Kinder sind unsere Zukunft. Wir sollten wieder bewusster mit uns umgehen, dass die Kinder stabile Erwachsene hinter sich fühlen. Das brauchen sie, um selbst stabile Persönlichkeiten zu werden. Das brauchen sie viel mehr als das neueste Handy oder die übertriebene Geburtstagsparty. Sie brauchen keinen roten Teppich. Sie brauchen erst recht keine Eltern, die alle Probleme aus dem Weg räumen. Sie brauchen nur unsere Liebe und Stabilität. Sie müssen wahrnehmen, dass wir stabil sind. Dann werden auch sie stabil. Sie lernen von uns. Wir sind schon länger hier auf der Erde und sollten wissen, was wichtig ist.
Wir wackeln!
Wir sind instabil geworden!

Wir haben oft den Boden unter den Füßen verloren. Zu viel Input, zu viele Möglichkeiten bei immer weniger Entscheidungskraft und fehlender Ausdauer. Was nicht mehr geht, wird weggeworfen, wie ein altes Handtuch.

Wir sind uns noch Fremder geworden. In ein Leben versuchen wir zwei, drei oder vier Leben zu packen und verpassen dabei, wenigstens eins richtig zu leben. Immer höher, schneller, weiter, immer mehr. Dabei krampfhaft versuchen, das letzte bisschen Eigene festzuhalten. Sonst verlieren wir den letzten Strohhalm, der uns noch einigermaßen hält.

Wir lassen uns so sehr beeinflussen von allem äußeren Schein und von Meinungen des Mainstreams. Kaum noch können wir uns schützen und wissen nicht mehr, was wir glauben sollen.

Eine Scheinwelt wird erbaut. Hinter all den Masken, die da beschienen werden, verbirgt sich das authentische Wesen, welches verkümmert ist, weil es all die Zeit nicht zu Wort gekommen ist.

Wer zu seinen Werten steht, sich seinem Eigenen bewusst ist, der wird sich durch Fremdes in Form von anderen Ideen und anderen Meinungen, nicht beirren, sondern nur bereichern lassen.

Prallen zwei völlig verschiedene Welten aufeinander, kann es die Zerstörung beider Welten geben. Die Zerstörung geschieht dann, wenn beide ihre Welten krampfhaft festhalten und verteidigen wollen.

Es kann aber auch eine große Bereicherung sein. Aus zwei verschiedenen Welten entstehen völlig neue. Mit neuen Einsichten, neuen Erkenntnissen wird ein neuer Enthusiasmus aus Freude geboren.

Es ist nicht nur Schwarz oder Weiß. Es darf bunt werden.
Lassen wir Farben in unsere Welten.
Bereichern wir uns mit dem, was uns andere zeigen.
Verschenken wir uns mit dem, was wir in unserer Welt haben.
Wo stehen wir und wozu stehen wir?
So bereichern wir uns gegenseitig und die Welten werden bunt.
Ab und zu braucht ein anderer Mensch unsere Unterstützung und unsere Aufmerksamkeit. Wir alle brauchen das irgendwann. Spätestens, wenn wir unsere letzte Lebensreise antreten, brauchen wir andere Menschen, die uns helfen.
Viele glauben, sie schaffen alles allein. Um Hilfe bitten ist unmodern. Oft kostet es einen hohen Preis. Wenn ich um Hilfe bitte, muss auch ich Hilfe geben. Will ich das denn?
Oder ich muss für die Hilfe bezahlen. Dann ist es ja gut. Es ist ausgeglichen.
Es fällt uns in unserer Zeit immer schwerer, einfach mal um Hilfe zu bitten.
Ich sage Ihnen, liebe Leser, es ist gar nicht so schwer. Wenn wir uns auf Andere einlassen, dann sind wir nicht mehr allein in unseren Nöten. Wir erfahren Hilfe.
Kommen wir in die Situation, selbst eine Quelle der Hilfe zu werden, erleben wir, wie gut es uns selbst tut, dass wir Hilfe geben durften. Wir erhalten so viel zurück.
Dann können wir wieder erfahren, dass es sich immer wieder lohnt, ein Stück des Lebensweges mit

Anderen zu gehen, den Weg zu teilen, die Welten und die Erfahrung. Wir sind in den letzten Jahren immer mehr zu Individuen geworden. Das eigene Leben steht an erster Stelle. Wir brauchen keinen anderen Menschen mehr. Wir sind uns selbst genug. Die Zahl der Alleinlebenden steigt. Was aber ist, wenn wir in Not geraten, wenn wir krank werden und allein die Wohnung nicht mehr verlassen können? Was ist dann? Brauchen wir wirklich keinen anderen Menschen?

„Wer nicht mehr teilen kann sein Brot, wird es lernen in der Not."

Nehmen wir die Nöte wahr. Nehmen wir den Anderen wieder wahr.

So viele sind im Aufbruch. Sie haben die Zeichen der Zeit erkannt. Sie fragen nicht nur nach Geld als Lohn. Sie sind vom Leben so viel mehr belohnt. Sie helfen einander. Sie haben erkannt, dass wir wieder mehr zusammen rücken müssen, um zu überleben.

Ihnen danke ich. Sie sind die Pioniere unserer Zeit. Wenn es eine neue Erde gibt, sind sie es, die uns den Weg bereiten.

„Gemeinsamkeit"
Fotografie: Paul Herbig

7. Einsamkeit

Es geht nicht darum, nie allein zu sein. Sich nur auf Andere einlassen, sich nur um Andere kümmern ist ebenso extrem, wie sich nie einlassen. Das nur mit Anderen sein, macht uns selbst müde und wir verlieren uns.
Es ist sehr wichtig, auch eigene Momente zu haben. In ihnen ist die Stille, aus der die eigene Kraft und die eigene Kreativität erst erwachen können. Wir brauchen die einsamen Momente aus denen wir immer wieder neu geboren werden.
Das brauchen wir sehr dringend.
Und damit haben auch viele Menschen ein Problem. Von Menschen enttäuscht, ersetzen Hunde und Katzen menschliche Beziehungen. Die Tiere werden vermenschlicht, zum Partnerersatz. Die Medien beschallen über ihre Kanäle unsere Räume und mit dem Handy sind wir perfekt vernetzt. Wo bleiben die einsamen Momente, dass all das aus uns heraus geboren werden kann?
In der Anonymität des Internets wird bewertet, entwertet, gelogen und betrogen. Wir müssen dem Anderen nicht ins Angesicht blicken, wenn wir ihn schlecht bewerten. Hinter seinem Rücken unter Anonymität versiegelt, schaden ihm vielleicht viele falsche Worte. Jedes Gefühl, was sich da auftut, wird sofort im nächsten Chat kundgetan. Wem etwas nicht passt, der entwickelt eine neue Verschwörungstheorie und teilt diese der Welt als die

einzige Wahrheit mit. Und viele Dinge werden einfach geglaubt.
Oft fühlen wir nicht mehr, was da in uns ist, was in uns heranreift und geboren werden will. Das Fremde in uns selbst bedroht uns. Ebenso bedroht uns das Fremde, welches durch Andere zu uns kommt.
Wir sind uns manchmal fremd geworden. Wir erkennen uns selbst nicht mehr wieder. Ständig auf der Suche, ständig sind wir abgelenkt, ständig gibt es etwas zu tun.
Noch dazu kommt das regelrechte Flüchten aus möglicher Einsamkeit. Die Einsamkeit ist zum Teil negativ besetzt. Wer möchte schon gern allein sein? Mit Einsamkeit assoziieren wir Leid. Doch das ist völlig verdreht.
Sicher gibt es Menschen, die allein sind und kaum noch Gespräche führen. Das ist sehr traurig und für die Betroffenen oft ein hartes Los. Allein und verlassen, ohne soziale Kontakte, ist menschlich grausam. Doch Einsamkeit muss nicht das Gleiche bedeuten. Einsamkeit kann auch heißen, mit sich Eins zu werden.
Wir brauchen die Einsamkeit und die Ruhe, die Stille, um uns selbst wieder zu finden.
Dass da etwas ist, ein innerer Kern, der wieder erweckt werden möchte, fühlen zurzeit viele Menschen.
Deshalb öffnen sie sich und suchen für sich nach Techniken und Möglichkeiten, wieder zu sich zu finden. Sie spüren, dass sie ihre Mitte verloren haben.

Kinder ruhen noch in ihrer Mitte. Sie sind versunken im Spiel, in sich, in ihrem Raum. Das Außen ignorieren sie komplett. Bis wir Erwachsenen sie aus ihrer Welt entfernen. Das tun wir immer früher. Somit rauben wir ihnen den Schatz ihrer Kreativität, die aus dieser inneren Welt entspringt.

Erwachsene erinnern sich dumpf, dass da noch etwas war. So beginnen sie wieder zu suchen. Manche finden es in der Meditation, im Yoga, in Tiefenentspannung, beim Waldspaziergang oder auch beim Lesen. Das ist gut so. Wir werden wieder bewusster und haben längst gemerkt, dass die materiellen Güter nicht das sind, was sie einst versprochen haben.

In der Einsamkeit können wir wieder Eins werden mit dem Samen, der in uns liegt. So kann dieser Samen zur reifen Frucht heranwachsen, bis er herangereift ist, um geboren zu werden.

In jedem Menschen liegt dieser Samen begraben. Das er nicht verkümmert, ist unsere Aufgabe. Dazu müssen wir ihn finden. Eins mit dem Samen werden, in der Einsamkeit.

Wir finden ihn nicht im Trubel der lauten Welt, in den Medien oder bei Google. Wir finden ihn nicht im Selbsterkenntnisseminar.

Wir finden ihn nur, wenn wir Eins mit uns werden. Im Rückzug aus der hektischen Welt, die uns ablenkt und beschäftigt.

Der Samen liegt in uns. Der Samen, der uns Eins werden lässt mit uns.

Vielleicht brauchen wir dazu das Kapitel Zwölf.

Während Sie, liebe Leser, die folgenden Zeilen lesen, können Sie ganz bei sich ankommen. Sie spüren nur noch sich selbst und Ihren Atem. Sie sind versunken in den Worten, versunken in sich. So waren sie versunken als kleines Kind mit ihren Sandförmchen im Sandkasten. Kein Nachdenken, kein analysieren.
Nur die Sandförmchen, der Sand und Sie.
So ist es auch jetzt!
In diesem Moment!
Kein Nachdenken, kein analysieren!
Nur die Worte, das Buch in Ihrer Hand und Sie!
Sie sind ganz bei sich! Sie sind eins mit sich!
Der Samen ist da!!!

„Durchs Licht"
Fotografie: Paul Herbig

8. Zeichen der Zeit

Jede Zeit hat ihre Zeit.
Wenn wir heute sagen, früher war alles besser, dann müssten wir augenblicklich in diese Zeit zurück transportiert werden, um dann in dieser Zeit zu leben. Dann stehen wir vor den gleichen Problemen. Möchten wir wirklich das Früher wieder haben?
Denken wir zurück an die Zeit in der DDR. Möchten Sie, liebe Leser, wieder Angst haben, das Falsche zu sagen und mit der Staatssicherheit Probleme bekommen? Möchten Sie echt wieder nach überreifen Bananen anstehen, die Sie heute nicht mehr kaufen würden, geschweige denn, die sie heute noch in einem Laden sehen? Möchten Sie wieder gezwungen werden zum 1. Mai mit zu marschieren? Möchten Sie wirklich wieder in dieser Diktatur leben und vor geschlossenen Grenzen stehen?
Ich möchte das nicht.
Oder möchten Sie, liebe Leser noch weiter zurück? Möchten Sie über Trümmerfelder der Nachkriegszeit gehen und um Ihre Kinder weinen?
Nein das wollen wir nicht.
Was war denn früher besser?
Früher standen wir vor anderen Herausforderungen. Wir hatten andere Probleme und andere Sorgen und andere Ängste? Aber waren diese besser? Sie waren anders und damalig genauso gut oder schlimm.

Heute haben wir andere Sorgen und Probleme. Das Leben hat sich verändert, aber Probleme und Herausforderungen gibt es in jeder Zeit.

Wir wünschen uns das Früher gern zurück, weil wir uns den Herausforderungen, die vor uns liegen, nicht unbedingt stellen wollen. Die früheren Probleme scheinen gelöst. Deshalb wünschen wir uns das Zurück dorthin, weil wir unbewusst hoffen, da hätten wir keine Probleme. Das Zurückliegende ist gelöst.

Probleme haben die Eigenschaft, immer vor uns zu liegen. Rückwärts betrachtet erscheinen Probleme als gelöst. Deshalb sind wir oft in der Versuchung, die Vergangenheit als das erstrebenswerte Bessere zu sehen, als das, was ist.

Wir möchten endlich keine Probleme mehr. Wir wollen nicht die ganzen Herausforderungen.

Jede Zeit hat ihre Qualitäten.

Heute ist eine andere Zeit als früher.

Wir haben so viele Möglichkeiten. Wir müssen unterscheiden und entscheiden. Dazu bedarf es, wie ich schon erwähnte, eine innere Stabilität. Wer wackelt, kann mitgerissen werden vom Strom der Masse. Dann blicken wir irgendwann zurück und denken, was haben wir da nur getan.

PEGIDA und AFD treffen zum Beispiel den Nerv der Zeit. Sie versprechen, alle Probleme zu lösen. Und so schwimmen einige mit, weil es an innerer Stabilität fehlt.

Stabilität, Standhaftigkeit!

Wir stehen haftend auf festem Boden. Wir nehmen den Platz ein, der uns gehört. Wir stehen sicher und stehen dazu, was wir tun und sagen. Wir sind authentisch. Das innere Leben stimmt mit dem äußeren überein. Wir stehen dazu, was uns ausmacht und drehen nicht nur das Fähnchen in den Wind.

Als die Grenzen der ehemaligen DDR sich öffneten und man einem gemeinsamen Deutschland entgegen sah, gab es viele Menschen, die plötzlich der großen Partei, der sie in der DDR angehörten, um bevorteilt zu werden, den Rücken kehrten. Sie sprachen dann ganz anders und standen dann für komplett andere Werte. Wir ehemaligen DDR Bürger nannten sie die „Wendehälse". Mit der Wende verdrehten sie ihren Hals und wendeten den Blick in eine ganz andere Richtung.

Wendehälse gibt es immer wieder. Je nach dem, welcher Mainstream ist, er wird verfolgt. Wer nur der allgemeinen Norm folgt, wer sich nur nach der Mode orientiert, was bleibt von ihm? Wer ist der Mensch in seinem Innersten?

Nur stabile Menschen mit innerer Stärke und Kraft können bei sich bleiben. Sie sind unverwechselbar und einzigartig. Sie ecken auch mal an, weil sie selbst Ecken und Kanten haben. Sie polarisieren oft.

Die, die sie mögen, sind selbst authentisch und möchten authentische Menschen treffen. Auch, wenn sie andere Meinungen haben. Sie sind stabil. Haften in ihrem Stand. Das gibt Klarheit und Sicherheit.

Sie werden von den Menschen nicht gemocht, die ihren Stand noch nicht gefunden haben. Diese suchen noch und es mangelt an Stabilität. Das, was uns im Inneren fehlt, verurteilen wir oft im Außen.

Wir haben uns viele Jahre freigeschwommen Wir wollten uns nicht mehr Fremdbestimmen lassen. Wir wollten selbst entscheiden und endlich zu Individuen werden.

Nun sind wir angeblich frei und doch so fremdbestimmt. Nachrichten, ob wahr oder spekuliert, werden abgerufen von Facebook und Co. So sind wir immer informiert und werden wieder in Formen gebracht, welche fern von dem sind, was wir selbst sind.

Negative Nachrichten verbreiten sich schneller, als positive. Die negativen Berichte werden ständig wiederholt. Das macht den Menschen Angst. Sie denken dann, die ganze Welt ist nur noch schlecht und es geschehen nur noch böse Dinge. Positives wird kaum berichtet. So schürt man Unsicherheit und Angst und hält den Menschen klein. Was früher Religionen gemacht haben, bekommen wir heute gern über die aktuellen Nachrichtensender.

Bei aller Flut von Informationen und bei allen Möglichkeiten in unserer jetzigen Zeit ist wahrscheinlich die größte Herausforderung an uns als einzelne Menschen, wirklich bei sich zu bleiben, stabil zu sein. In seinem Stand zu haften!

So viele Köpfe sind überhitzt und rauchen schon vor lauter Informationen. Diese Köpfe müssen wir wieder abkühlen, um wieder Klarheit zu gewinnen.

Hier braucht es stabile Menschen, die nicht jedem Guru glauben und auf falsche Pferde setzen.

Somit kommen wir zu einer weiteren Herausforderung unserer Zeit. Es ist die Eigenverantwortung. Jeder trägt selbst die

Verantwortung. Wir dürfen selbst entscheiden. Ist das wirklich so?

Es verlangt wiederum große Stabilität, um nicht den Manipulationen zu verfallen, die oft unbemerkt geschehen.

Kinder brauchen Grenzen, um sich zu entwickeln. Viele Erwachsene wollen auch noch unbewusst geführt werden. Sie rebellieren zwar gegen Strukturen, die uns Grenzen setzen. Aber ein Chef, der sagt, was zu tun ist, ist auch ganz bequem. Eigenverantwortlich zu sein, bedeutet auch zur Rechenschaft gezogen zu werden. Keiner möchte Schuld sein, wenn etwas schief gelaufen ist.

Verantwortung übernehmen bedeutet, dem Leben seine Antworten zu geben.

Wir leben in einer Gesellschaft, die immer grenzenloser wird. Was heute noch gut und sicher war, ist morgen schon ganz anders. Innere Stabilität ist die Sicherheit, in einer äußeren Grenzenlosigkeit zu überleben. Sonst besteht die Gefahr, unterzugehen.

Jedes Gefühl, welches sich in uns meldet, wird oft ungefiltert nach Außen gelassen. Doch Gefühle sind oft aus dem Affekt entstanden. Wir haben im Laufe der Evolution unser Gehirn weiterentwickelt. Das heißt, unser Frontallappen, der den wachen Verstand und den Beobachter beinhaltet, ist hoch entwickelt. Diesen sollten wir benutzen lernen, um die Gefühle, die in uns entstehen, eine Richtung zu geben. Mit diesem Beobachter dürfen wir immer wieder überprüfen, was zu uns gehört,

Wo stehen wir? Was ist zu tun?

Dazu brauchen wir Zeit.

Zeit, um Dinge sacken zu lassen. Noch einmal eine Sache überschlafen, bevor wir entscheiden.

Wir müssen nicht immer ungeduldig sein und alles sofort tun, was wir dann nicht mehr gerade biegen können.

Das zwölfte Kapitel gibt uns die Zeit. Zeit, in der sich erste Gefühle beruhigen und der Beobachter seinen Platz einnehmen kann.

Wir müssen nicht mehr nur unseren Instinkten folgen. Das Tierreich haben wir hinter uns gelassen.

Nach einer Zeit, die wir uns selbst geschenkt haben, beruhigen sich so manche Stürme und wir entscheiden ganz anders. Aus unserer Stabilität heraus!

Um innerlich stabil zu werden oder zu bleiben, braucht es Momente, in denen wir auftanken können. Unsere Kraftreserven müssen erneuert werden. Dazu bedarf es Pausen. Pausen, in denen wir unsere Hände falten und die Taten ruhen lassen.

Und schon sind wir bei dem nächsten Problem unserer Zeit angelangt. Unsere Zeit ist schnell lebend geworden. Was heute modern und neu war, ist morgen schon veraltet und nichts mehr Wert. Es ist an der Zeit, wieder auf unsere Werte zu achten. Rituale, wie ein gemeinsames Abendessen in der Familie, verlieren ihre Bedeutung. Dabei sind sie so wichtig.

Wir sind eine pausenlose Gesellschaft geworden. Wer Arbeit hat, arbeitet viele Stunden am Tag. Von früh bis spät. Nach der Arbeit kommt die zweite Schicht mit Haus und Familie, Meetings und Sport als

Freizeitstress. Kaffee und Essen gibt es im Laufen. Warum hinsetzen? Das kostet nur Zeit, die wir ohnehin nicht haben. Coffey to go und Burger to go. Immer mehr Aktivitäten in die verfügbare Zeit. Bis zur kompletten Erschöpfung.

Wir müssen in dieser Zeit, in der so viel möglich ist, lernen, zu differenzieren und uns auf die wesentlichen Dinge konzentrieren. Wir können nicht auf jeder Hochzeit tanzen.

Pausen einlegen wird lebensnotwendig sein, um nicht im Burn out zu landen. Immer nur Gas geben geht auf Dauer nicht.

Nach einem Projekt darf es eine Pause geben.

Nach getaner Arbeit haben wir den wohlverdienten Feierabend. Es ist nicht altmodisch mit einem Bier auf der Gartenbank zu sitzen und die Seele baumeln zu lassen.

Jugendliche haben noch viel Energie. Sie fühlen keine Erschöpfung. Bei ihnen geht immer noch was. Unsere Gesellschaft hat sich dem Jugendwahn auf die Fahne geschrieben. Forever young trägt dazu bei, in komplette Aktivität zu geraten. Augenringe werden weggeschminkt, graue Haare gefärbt, Falten unterspritzt. Und schon klappt es mit der ewigen Jugend.

Was haben wir davon?

Betrachten wir den Kreislauf des Lebens, sehen wir im Jahreskreis den Frühling. Er strebt empor bis in den Sommer hinein. Alles wächst und sprießt. Dann kommt der Herbst mit Ernte und Rückzug und der schlafende Winter.

Alles zu seiner Zeit.

Die Akzeptanz unseres heutigen Lebensstils hat sich nur auf Frühling und Sommer konzentriert. Ständiges Wachstum wird gefordert. Alles soll immer nur wachsen, noch mehr Gewinne bringen und immer besser werden. Ich frage Sie, liebe Leser, geht das denn? Mit Sicherheit nicht. Das Lebensgesetz selbst zeigt uns etwas anderes.
Es wächst etwas, steht in seiner höchsten Kraft und zieht sich wieder zurück. So ist es in der Natur. Da wir ebenfalls Natur sind, ist es auch in uns so. Das kleine Kind wird erwachsen, der Erwachsene steht in seiner höchsten Kraft, dann wird er alt und irgendwann beginnt seine letzte Reise. Das Leben hier auf der Erde geht zu Ende.
Wir sind stets auf Wachstum orientiert. Es muss alles noch mehr werden und ein Ende gibt es nicht.
Firmen, die ständig wachsen sollen. Wo ist das Ende? Wo führt uns das hin?
Viele, die selbstständig sind, glauben, sie können keinen Urlaub machen. Arbeiten bis zum Umfallen. Sie müssen immer mehr tun. Wie lange kann man das durchhalten?
Wir sind nicht unersetzbar. Wenn wir verschwinden, nimmt ein anderer unseren Platz ein. Und in der schnell lebenden Zeit wird das kaum bemerkt. Ich versichere es ihnen, denn ich habe das selbst schon sehr oft beobachtet. Menschen, die sich für unersetzbar hielten, wurden am Ende ersetzt.
Auf der ständigen Jagd nach Anerkennung verlieren wir uns selbst.

Jagd nach Geld als Sicherheit ist das nächste Zeitgeistphänomen. Geld und materieller Besitz ist leider zur Ersatzreligion geworden.
Wir brauchen vielleicht die äußere Sicherheit, weil es an innerer Stabilität sehr oft fehlt.
Was gibt uns noch Halt? Wo liegen die wahren Sicherheiten? Wer ist da, wenn ich jemanden brauche, an dem ich mich anlehnen kann? Wo ist mein Platz?

„Lichter der Zeit"
Fotografie: Paul Herbig

9. Aufbruch

Jesus war sich sicher, als er verraten wurde und mit seinen Jüngern das letzte Abendmahl feierte, welchen Weg er geht.
Er zeigte trotz der Widrigkeiten innere Stabilität.
In jedem Augenblick war er sich bewusst.
Viele laufen heute eher unbewusst durch das Leben.
Wir sind beschäftigt mit so vielen Dingen, die uns unsere Zeit und unsere wertvolle Energie rauben.
Was soll ich noch glauben?
Das, was gestern richtig war, ist heute schon falsch.
Neue Programme, neue Updates, neue Mode.
Wenn ich mich nicht informiere und nicht auf dem neuesten Stand bleibe, verliere ich.
Ist das wirklich so?
Müssen wir immer über alles Neue informiert sein?
Verlieren wir uns nicht, wenn wir ständig nur damit beschäftigt sind, uns um die neueste Technik, das neueste Modegetränk und die neuesten Nachrichten zu kümmern?
Wo bleibe ich in dieser Tretmühle?
Jesus hat vertraut. Er hat vertraut auf Gott.
Worauf können wir noch vertrauen in einer Zeit, in der die Grenzen grenzenlos werden, in der die Werte ständig wechseln.
Worauf können wir noch vertrauen?
Gibt es da Einen, der uns in tiefster Verzweiflung noch hört?

Kann ich mich wirklich noch frei in Menschenmassen bewegen, oder muss ich Angst um mein Leben haben?
Wer Angst um sein Leben hat, dem ist das Leben wichtig. Sonst wäre es uns egal.
Es ist gut, Angst um sein Leben zu haben.
Nicht, weil wir den Tot fürchten, sondern weil wir leben wollen.
Was wollen wir noch alles erleben? Wofür lohnt es sich, weiter zu leben? Was will ich dem Leben noch schenken und was schenkt es mir?
Das Leben ist voller Überraschungen und diese Überraschungspäckchen dürfen wir noch auspacken.
Die Hoffnung trägt uns. Die Hoffnung legt sich nicht fest, wie es in der Erwartung geschieht. Sie ist einfach darauf gerichtet, dass das Gute geschieht. Alles ergibt einen Sinn und der Kreis wird sich schließen. Auch wenn wir den Sinn erst viel später erkennen.
Die Hoffnung, dass es da was gibt, dass da etwas ist. Ob wir es nun Gott nennen, höhere Intelligenz, Schöpferkraft, oder das Leben selbst, bleibt jedem überlassen.
Unsere Werte, die uns ausmachen, von denen die Medien in letzter Zeit immer wieder berichten, sie benennen als Menschenrechte, Freiheit und Demokratie, möchten wir uns erhalten. Wir sehen sie durch die Globalisierung in Gefahr und angreifbar.
Doch was steckt hinter diesen Werten? Gelten sie wirklich für alle? Ist der alte Mensch frei, der in Pflegesituationen unter schlimmen Bedingungen oder in Altersarmut überleben muss? Ist das Kind frei, welches an die „Tafel" geht, um mal eine warme

Mahlzeit zu bekommen? Oder wie steht es bei diesen beiden Beispielen mit den Menschenrechten?
Sicher leben die meisten von uns in Europa in sehr angenehmen Verhältnissen. Im Großen und Ganzen leben wir in einer Komfortzone. Dafür sei Dank.
Doch es gibt auch hier genug Verlierer. Sie haben ihre Würde und ihre Rechte auf Menschlichkeit ein Stück verloren.
Und wenn wir das Thema global betrachten, wird es sehr düster. Wie sieht es aus mit den Menschen auf der Erde, die unter unmenschlichen Bedingungen arbeiten und ihr Leben riskieren? Oder die Menschen, deren Umwelt zerstört wird, weil Andere glauben, sie gehört ihnen?

Wir müssen aufbrechen und wieder zusammenhalten. Manches schaffen wir nicht allein.
Wir brauchen dazu Freunde und Menschen, die mit uns sind.
Die Alten, die Kranken und die Armen, sie brauchen uns.
Die Alten allein in ihren Wohnungen lebend, die keine Gespräche mehr führen, weil niemand mehr hören will, was sie zu erzählen haben, brauchen uns.
Aufbruch!
Wir sollten wieder mehr aufeinander achten und uns Ansehen geben.
Zusammenhalten, miteinander gehen, zuhören, da sein. Das sind große Worte, die so einfach klingen.
Rituale schaffen gemeinsame Zeit. So manches Gespräch in der Familie beim gemeinsamen Abendessen schafft Raum für diese großen Worte. Es

ersetzt manchmal sogar die psychotherapeutische Intervention. Dass Psychotherapeuten so sehr ausgebucht sind, zeigt uns, dass hier ein Problem liegt.

Das Leben gilt es zu behüten. Es ist ein kostbares Geschenk. Ist Gefahr und Not, braucht es Mut und Einsatz von denen, die die Not wenden können. Fremdes Leid geht uns sehr wohl etwas an. Denn es ist das Leben, welches wir gemeinsam behüten.

Wir schaffen es oft nicht allein. Wir brauchen einander. Gegenseitig geben wir uns Stabilität. So kann die innere Stabilität wieder wachsen.

Wir führen unsere Kinder an der Hand, bis sie stabil genug sind, allein zu gehen.

Auch Jesus hat die Menschen an seine Hand genommen. Er hat sie getröstet und geheilt. So wurden Wunder wahr. Er hatte Hoffnung, er hatte Vertrauen.

Das Vertrauen, dass eine Kraft, die größer ist, als wir selbst, mit uns ist. Vertrauen in diese Kraft stärkt das Vertrauen in das Leben, in uns selbst. Es verleiht uns unsere innere Stabilität, die wir brauchen, um nicht im äußeren Wanken zu versinken.

Hoffnung, Vertrauen und Stabilität geben uns die Kraft und die Klarheit, unseren für uns richtigen Platz im Leben wahrzunehmen und einzunehmen.

Aufbruch!

Wir brechen die alten Türen auf. Wir schauen dahinter und gehen weiter. Sehen, was wirklich ist.

Sehen wir durch die aufgebrochenen alten Türen ins Leben.

Was sehen wir da?

Wir sehen, was wir brauchen und sehen, was von Anderen gebraucht wird.
Hoffnung, Vertrauen, Stabilität?
Was brauchen Sie, liebe Leser?
Was brauchen Sie, dass Ihr Herz zur Ruhe kommt?
Was brauchen Sie, dass alte Narben weich werden und nicht mehr ständig in Ihrer Seele rufen und an Ihnen zerren? Sie völlig aus dem Lot bringen, dass Sie nicht mehr gerade und aufrecht stehen können?
Was brauchen Sie, liebe Leser, dass Sie zufrieden sind?
Hoffnung, Vertrauen, Stabilität?
Einen ansprechbaren Gott, der Sie erhört?
Der Zukunftsweg beginnt jetzt!
Brechen wir auf!

„Zusammenhalten"

Skulptur aus Ton von Martina Herbig
Fotografie: Paul Herbig

10. Zufriedenheit

Zum Frieden mögen wir uns führen.
Es wurde auf der Erde genug gemordet, genug getötet und genügend Unheil verbreitet. Auch Religionen und allen voran das Christentum ist mit der Kriegsenergie aus Jahrhunderten verbunden. Religionen sind von Menschen gemacht. Im Namen der himmlischen Kräfte machen Menschen die Gesetze. Auch Menschen haben die Bibel und den Koran geschrieben.
Was wohl die wahre Schöpferkraft des Lebens dazu sagt? Der Gott, der Leben schafft!
Was hat er wirklich mit dem zu tun, was die Menschen, auch um Macht zu bekommen und zu behalten, in seinem Namen getan haben und noch immer tun.
Die Kriegssplitter fliegen noch immer durch die Welt.
Und es scheint, als sei es nie genug.
Weltfrieden? Keine Kriege mehr?
Das wünschen wir uns so sehr.
Ist es nicht das Wichtigste überhaupt?
Haben wir nicht all die Jahre im Frieden gelebt und die Sorglosigkeit und die Freiheit, die der Frieden in sich hält, dankend wahrgenommen?
Danke, dass wir im Frieden sind.
Haben wir das jeden Tag ein paar Mal gesagt und gefühlt?
Oder haben wir uns doch mehr beklagt:
- über den Chef, der uns ausnutzt,

- über die Kinder, die uns nicht alles erzählen,
- über das Geld, welches nicht reicht,
- über die Steuern, die zu hoch sind,
- über, über, über?

Wie war das in all den Jahren voller Frieden und Sicherheit? Hand aufs Herz! Haben wir uns je dafür bedankt oder war das alles so selbstverständlich?

Was wir dankend behüten, werden wir behalten, was wir nicht mehr schätzen, verlieren wir.

So ist es überall im Leben. Eine Freundschaft, die wir nicht pflegen, werden wir verlieren. Alles, was wir behalten möchten, sollten wir schätzen und diesen Schatz sollten wir behüten. Indem wir uns bedanken, immer wieder, für das, was einen hohen Wert für uns hat, kann es bei uns bleiben.

Danke für den Frieden!

Möge es ein Mantra werden und die Länder der Erde, die im Frieden leben dürfen, mögen diese Energie mit der Globalisierung über die Erde tragen.

Der Frieden macht zufrieden. Zum Frieden lassen wir uns führen.

Wo beginnt der Frieden?

Er beginnt bei jedem Einzelnen. Das Leben schätzen, es als Geschenk zu betrachten. Somit schätze und achte ich das Leben eines jeden Lebewesens.

Hier beginnt der Frieden.

Wir sind zufrieden, wenn man uns akzeptiert. Wir sind zufrieden, wenn wir satt sind. Wir sind zufrieden, wenn wir in Ruhe schlafen können. Wir sind zufrieden, wenn uns niemand weh tut.

All diese Dinge sind notwendig, um vom Frieden zu sprechen.

Außerhalb dieses Friedens sind die oben genannten Aussagen nicht mehr gewährleistet.

Menschen, die im Krieg leben müssen, verlieren die grundsätzlichen Lebensbedingungen. Sie haben Hunger, können nicht in Ruhe schlafen, müssen Qualen aushalten.

Da der äußere Frieden in Europa uns siebzig Jahre geschenkt wurde, haben wir uns in der Zufriedenheitsthematik mit weiteren Werten, die ich als Luxuszufriedenheiten bezeichnen möchte, stark identifiziert.

Wie schnell wir unzufrieden werden!

Die Frisur, die nicht sitzt! Das Gewicht, welches uns die Waage zeigt! Die Kellnerin, die unfreundlich war!

Es genügt schon ein falscher Blick oder ein falsches Wort unseres Partners.

Ein kaputtes Auto oder ein Kleid, welches man sich nicht leisten kann, weil die Geldbörse leer ist. Nörgelei über die Steuer, die fällig wird. Das gewährleistet bei den Menschen in unserer Luxusgesellschaft schon eine mehr oder weniger starke Unzufriedenheit. In dieser eigenen Unzufriedenheit ist es schwer den großen Frieden zu erkennen. Das große Geschenk. Man ist gefangen in der gerade laufenden Unzufriedenheit.

Ein Mensch, der im Krieg sein Leben zu retten versucht, lacht über die Steuer, die wir zahlen müssen.

Zum Frieden kommen, um zufrieden zu werden.

Danke für das Leben, für die Gesundheit, für den Frieden, für die Menschen, mit denen ich leben darf.

Bedarf es mehr?

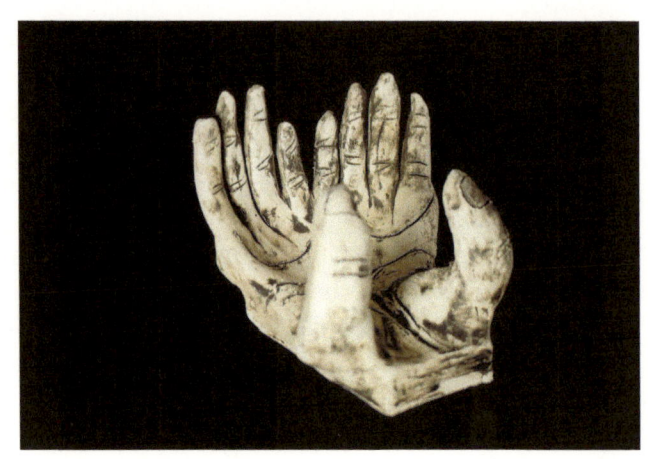

„Gebende Hände"

Skulptur aus Ton von Martina Herbig
Fotografie: Paul Herbig

11. Auferstehung

Wir bangen um unser Leben. Auch, weil wir uns fürchten vor dem Tot.
Was wird geschehen?
So lange wir leben, können wir uns überhaupt nicht vorstellen, dass es eines Tages uns, so wie wir sind, nicht mehr gibt.
Sind wir dann einfach ausgelöscht?
Das Leben ist kurz, der Tot ist lang.
Aber was kommt mit dem Tot? Gibt es für uns noch etwas, was danach kommt? Geht unsere Reise irgendwie weiter?
Und wenn sie weiter geht, was nehmen wir mit?
Wozu leben wir?
Wir sammeln Tag für Tag Erfahrungen, gewinnen neue Erkenntnisse. Wir schenken Liebe und bekommen sie geschenkt. Wir lachen und weinen. Wir pflegen unsere Narben und sind mitten drin. Mitten im Leben!
Was nehmen wir mit, wenn die letzte Reise beginnt?
Was war und ist uns wichtig? Was zählt, wenn das weltliche Leben vergeht?
Wir haben so viel gesehen und erlebt.
Jeder hat sein Kreuz getragen.
Das Kreuz ist ein Symbol. Es zeigt den aufrecht stehenden Menschen, der seine Arme ausbreitet.
Die vertikale Achse zeigt uns das weltliche. Wir streben von unten nach oben. Unser Körper ist

gewachsen vom kleinen Kind zum erwachsenen Menschen.

Die horizontale Linie des Kreuzes stellt das Göttliche dar. Von Ewigkeit zu Ewigkeit. Das Göttliche vermag es, uns durch die Welt zu tragen und uns zu unterstützen, wenn wir die horizontale Ebene mit in unser vertikales Leben nehmen.

Jesus ist am Kreuz gestorben. Die christliche Lehre lehrt heute, er ist für unsere Sünden gestorben. Das uns vergeben werden kann, hat Jesus sein Leben am Kreuz geopfert.

Wie dem auch sei.

Jesus ist am Kreuz gestorben.

Das Kreuz bestand aus dem Holz des Weißdorns. Der Weißdorn ist eine Pflanze, die wir in der Naturheilkunde zur Heilung des Herzens einsetzen. Nicht nur das physische Herz vermag der Weißdorn zu heilen, sondern auch den seelischen Herzschmerz, all den Kummer, der unsere Herzen gebrochen hat.

Der Weißdorn blüht in strahlendem Weiß und spendet uns Trost beim bloßen Betrachten.

Jesus ist auferstanden.

Er ist seinen Jüngern erschienen, die ihn zunächst nicht erkannten. Erst, als sie sahen, wie er das Brot brach, wussten sie, wer er war.

Er gab sich ihnen zu erkennen durch seine Handlung, die ihnen vertraut war.

Die Menschen, die ihre letzte Reise schon vollendet haben und nun in ihrer anderen Welt sind, geben sich auch manchmal zu erkennen.

Sie leben weiter mit uns in unserem Leben durch ihre Zeichen, die sie uns senden. Wer kann das wahrnehmen?
Ein Hauch von Auferstehung.
Wir ziehen unser irdisches Kleid aus und gehen einen neuen Weg.
Jesus lehrt uns: Ich bin auferstanden. Das könnte bedeuten, auch wir werden auferstehen. Zumindest sollten wir damit rechnen.
Das gleichschenkelige Kreuz, so wird manchmal behauptet, sei das wahre Kreuz. Das symbolische Kreuz der Christen sei dagegen, dass der Mensch aus seiner Mitte gezogen wird. Ich war auch geneigt, das einmal zu glauben.
Doch jetzt weiß ich, das symbolische Kreuz mit seiner vertikalen und horizontalen Achse ist mehr.
Es steht für das Leben, für die Vollendung und für die Auferstehung.
Wir stehen auf!
Wo immer wir an Grenzen stoßen und glauben, es geht nicht weiter. Irgendwann kommt der Zeitpunkt, in dem wir ein neues Licht sehen. Dann stehen wir auf und gehen weiter.
Er ist auferstanden.
Er ist wahrhaftig auferstanden.

„Auferstehung"
Skulptur aus Ton von Martina Herbig
Fotografie: Paul Herbig

12. Das zwölfte Kapitel

Wir werden auferstehen!
Immer und immer wieder, auch im Leben.
Ein Kreis schließt sich und ein neuer beginnt sich zu öffnen.
„Es ist kurz vor zwölf", sagen wir, wenn etwas in der aller letzten Minute vielleicht noch rettbar ist. Wenn wir in aller letzter Sekunde noch etwas gerade biegen können, dass es nicht krumm und schief bleibt.
Kurz vor zwölf!
Können wir es noch vor dem Untergang retten? Bevor sich ein Kreis schließt? Dann retten wir es und nehmen es mit in den neuen Kreis, der nach zwölf beginnt.
Wir haben zwölf Stunden. Dann hat sich der Zeiger der Uhr einmal gedreht und nach weiteren zwölf Stunden beginnt ein neuer Tag.
Wir haben zwölf Monate. Dann ist ein Jahr vorbei. Ein neues beginnt mit neuen Vorsätzen. Das alte lassen wir hinter uns. Was wir nicht mehr brauchen, lassen wir zurück. Alles das, welches gut und richtig war, nehmen wir mit, wenn der neue Kreis sich öffnet.
Dazu beschließen wir, was wir neu machen wollen, in der neuen Möglichkeit.
Hierfür steht uns die Pause der zwölften Stunde Verfügung.
Wir lassen uns Zeit, falten unsere Hände. Wir lassen die Tat ruhen. Bevor wir eine neue Entscheidung treffen, machen wir Pause. Alles darf erst mal sacken.

Die Zwölf bewahrt uns vor voreiligen Entschlüssen, die wir aus einem Gefühl heraus treffen. Sie schenkt uns die Zeit zur Vollendung.

Ein Jahr ist zu Ende. Es darf sich etwas vollenden. Wir schließen etwas ab und gönnen uns die Ruhe, bevor das Neue beginnt.

Die zwölf heiligen Nächte geben uns die Pause. Alle Räder stehen still. Es geht geruhsamer weiter. Wir halten an.

„Zwischen den Jahren" ist das zwölfte Kapitel.

Was ist noch gerade zu biegen? Was ist nicht mehr zu retten? Wir segnen all das, was war. Auch das, was wir nicht mehr ändern können.

Wir falten unsere Hände und geben uns dem hin, was ist. Das, was zu groß für uns ist, was wir mit unseren menschlichen Möglichkeiten und nach unserem menschlichen Ermessen nicht in unserer Macht haben, geben wir an die höhere Führung ab. Lassen wir es segnen, wenn uns selbst die Kraft dazu fehlt, dass es sich wandeln darf.

Wir begeben uns auf den Gipfel. Schauen von Oben auf alles was war, auf die Wege, die wir gegangen sind. Abstand gewinnen! Neu sortieren!

Bevor wir uns erneut in unsere Schaffenskraft begeben, halten wir an. In dieser zwölften Stunde ist Pause. Es hat sich etwas vollendet. Ein Projekt ist abgeschlossen. Ein Kreis schließt sich.

Bald öffnet sich ein neuer Kreis. Dem werden wir uns neu hingeben und uns anstrengen. Doch jetzt, in dieser zwölften Stunde ist Ruhe. Wir blicken zurück und sagen Danke. Wir halten an.

Anhalten, Halten, Bremsen!

Nicht weiter auf das Gaspedal?
Wir schalten den Motor aus und besinnen uns. Wir kommen in unsere Sinne. Sonst verlieren wir die Besinnung.
Wir achten das, was war, was wir getan und gesagt haben.
Mit wem sind wir gegangen? Wer hat uns berührt? Was hat uns tief im Herzen berührt?
Danke all den Menschen, die mit uns waren. Danke, all den Menschen, was sie erschaffen haben, auch für uns. Danke für das, was wir den anderen schenken durften.
Ich verneige mich und nehme die Menschen an meiner Seite achtend und respektvoll an.
Jetzt, in dieser zwölften Stunde ziehe ich mich zurück. Ich gehe ganz bewusst in die Einsamkeit. Ich werde Eins mit mir und bin ganz in mir.
Nun erfasse ich die Zeichen der Zeit. Ich reflektiere, erkenne und verstehe. Rückblickend auf das, was war, kann ich reflektieren und all das Gute sehen. Manches ist nicht mehr gerade zu biegen. Auch das gehört zu mir. All das Krumme und Schiefe. Das Ungerade! Ich segne es immer wieder und lasse es sein, wie es ist.
Wie viele Türen haben wir aufgebrochen? Sind neue Wege gegangen. Viele Türen liegen noch vor uns, wenn sich der neue Kreis wieder öffnet.
Im Frieden wollen wir durch diesen Kreis schreiten. Danke Frieden, dass es dir gefällt, bei uns zu bleiben und uns zu behüten.
Wir stehen immer wieder auf. Mit jedem Kreis, der sich schließt erfahren wir einen kleinen Tot in jedem

zwölften Kapitel. Nach jedem Tag, in jeder Nacht. Wir schlafen und befinden uns in einem kleinen Tot. Oft sieht am nächsten morgen ein Problem ganz anders aus. Wir haben uns im Kapitel Zwölf die Zeit gegeben. Wir haben noch einmal über eine Sache geschlafen. Und schon scheint sie lösbarer zu sein.
Nach der Nacht erwachen wir am nächsten Morgen. Ein neuer Tag beginnt. Wir lassen uns in ihn hinein gebären.
Nach einem Jahr gehen wir in die Ruhe. Wir feiern den Winter und begegnen einem kleinen Tot.
Mit dem neuen Jahr erwachen wir und werden auch mit ihm neu geboren.
Vor jedem zwölften Kapitel war ein Sterben.
In jedem zwölften Kapitel ist etwas zu Ende gegangen. Die Zeit steht still. Bevor wir neu starten!
Es ist Pause!
Besinnungspause!
Das zwölfte Kapitel beschränkt sich nicht nur auf die Nacht, auf den Jahresübergang. Es möchte individuell sein.
Ist ein Projekt vorbei, dann schlägt die zwölfte Stunde. Es ist vollbracht! Etwas ist vollendet! Bevor wir uns in ein neues Projekt stürzen, brauchen wir eine Pause.
Diese brauchen wir, um zu reflektieren, um Erfahrungen zu verinnerlichen, um die Dinge sacken zu lassen, dass wir erkennen. Wir brauchen die Pause auch, um uns zu regenerieren und neue Kräfte zu sammeln.

In unserer Zeit jagt ein Projekt das andere. Das ist erschöpfend und sehr anstrengend. Eine Anstrengung, die so das Leben nicht von uns fordert.
Wir haben das Bedürfnis nach Schlaf und Erholung. Das ist von der Natur so gewollt. Wir haben das zwölfte Kapitel. So sterben wir immer wieder und werden aus jedem kleinen Tot heraus neu geboren. Das ist ein Gesetz. Wer dieses Gesetz bricht, den zwingt das Leben manchmal auch in ein zwölftes Kapitel. Pausen werden dann durch Krankheiten und andere Stoppschilder zur Zwangsverordnung.
In unserer schnelllebigen Zeit möchte so mancher gern das zwölfte Kapitel abschaffen.
Doch es wird niemandem gelingen, weil die Natur stärker ist. Ihre Gesetzte wirken und lassen sich nicht verhandeln.
Wir können nur mit der Natur, mit dem Leben sein.
Das zwölfte Kapitel ist ein Geschenk an uns.
Ihr persönliches Zwölftes Kapitel wartet immer auf Sie, liebe Leser, wenn sich ein Kreis für Sie schließt und sich etwas vollendet.
Dann gilt es, dass es einfach Dinge geben kann, die wir nicht mehr gerade biegen können. Dennoch: Es ist vorbei und es ist, wie es ist. Es gehört zu uns und zu unserer Geschichte und verdient seinen Respekt und seine Anerkennung.
Und es gibt viel Gutes, auf das wir blicken können. Das sollten wir immer wieder erkennen und wertschätzen.
Das zwölfte Kapitel lädt uns ein, zur Ruhe zu kommen.
Es ist der Ausweg aus unserer schnelllebigen Zeit.

„12.00 Uhr"
Fotografie: Paul Herbig

Zwölf

Alles schläft!
Geruhsam, die Welt
zieht sich zurück,
bevor sie wieder erhellt.

In diesem Rückzug
lebendigen Seins,
kehrt die Seele
wieder ins Heim.

Die Flammen erlischen.
Nichts mehr zu verwischen!
Es ist wie es ist,
wo immer du bist.

Kannst das Alte
nicht wieder entflammen.
Nur Asche und Staub!
Kein brennbares Gut!

Was verging ist vergangen.
Deck es zu!
Lass Gras drüber wachsen
und komm zur Ruh!

Es ist um Zwölf!
Und nicht zu spät!
Bist angekommen!
Bevor das Neue entsteht.

Weitere Veröffentlichungen von Martina Herbig

Gedankensprünge
ISBN: 978-3-7322-9849-5

Das Butterblümchen
ISBN: 978-3-7357-8480-3

Menschsein Sterben/Trauern/Leben
ISBN: 978-3-7347-9390-5

Spirituell sind die Anderen
ISBN: 978-3-7392-1855-7

Pilgerreise durch die Seelengärten
ISBN: 978-3-7392-3583-7

Wolkenbilder
ISBN: 978-3-8423-5607-8

Wer mich kennen lernen möchte, darf mich auch auf meinem YouTube Kanal „Martina Herbig" besuchen.